Petit monde vivant

Les abeilles

Bobbie Kalman

Traduction : Marie-Josée Brière

Les abeilles est la traduction de *The Life Cycle of a Honeybee* de Bobbie Kalman (ISBN 0-7787-0694-X).
© 2004, Crabtree Publishing Company, 612 Welland Ave., St. Catherines, Ontario, Canada L2M 5V6

Catalogage avant publication de Bibliothèque et Archives Canada

Kalman, Bobbie, 1947-

    Les abeilles

    (Petit monde vivant)
    Traduction de : The life cycle of a honeybee.
    Pour les jeunes de 6 à 10 ans.

    ISBN 2-89579-079-5

1. Abeille - Cycles biologiques - Ouvrages pour la jeunesse.   2. Abeille - Ouvrages pour la jeunesse.
I. Titre.   II. Collection : Kalman, Bobbie, 1947-   . Petit monde vivant.

Nous reconnaissons l'aide financière du gouvernement
du Canada par l'entremise du Programme d'aide au
développement de l'industrie de l'édition (PADIÉ)
pour nos activités d'édition.

Conseil des Arts   Canada Council
du Canada   for the Arts

Bayard Canada Livres Inc. remercie
le Conseil des Arts du Canada du soutien
accordé à son programme d'édition dans
le cadre du Programme des subventions globales aux éditeurs.
Cet ouvrage a été publié avec le soutien de la SODEC.
Gouvernement du Québec – Programme de crédit d'impôt
pour l'édition de livres – Gestion SODEC.

ISBN-10   2-89579-079-5
ISBN-13   978-2-89579-079-2

Dépôt légal – 1er trimestre 2006
Bibliothèque nationale du Québec
Bibliothèque nationale du Canada

Direction : Andrée-Anne Gratton
Traduction : Marie-Josée Brière
Graphisme : Mardigrafe
Révision : Marie Théorêt

© Bayard Canada Livres inc., 2006
4475, rue Frontenac
Montréal (Québec)
Canada H2H 2S2
Téléphone : (514) 844-2111 ou 1 866 844-2111
Télécopieur : (514) 278-3030
Courriel : edition@bayard-inc.com

Imprimé au Canada

Table des matières

Qu'est-ce qu'une abeille ?

Les abeilles sont des **insectes**. Les insectes sont des invertébrés : ils n'ont pas de colonne vertébrale, mais leur corps est recouvert d'une enveloppe dure appelée « exosquelette ».

Les abeilles à miel, contrairement à beaucoup d'autres insectes, sont des animaux **sociaux**. Elles vivent en groupes appelés « colonies ». Chaque colonie construit une **ruche** pour y habiter.

Il existe plus de 25 000 espèces d'abeilles. Huit de ces espèces seulement fabriquent du miel. Nous décrivons dans ce livre le cycle de vie des abeilles à miel appelées « abeilles domestiques occidentales ».

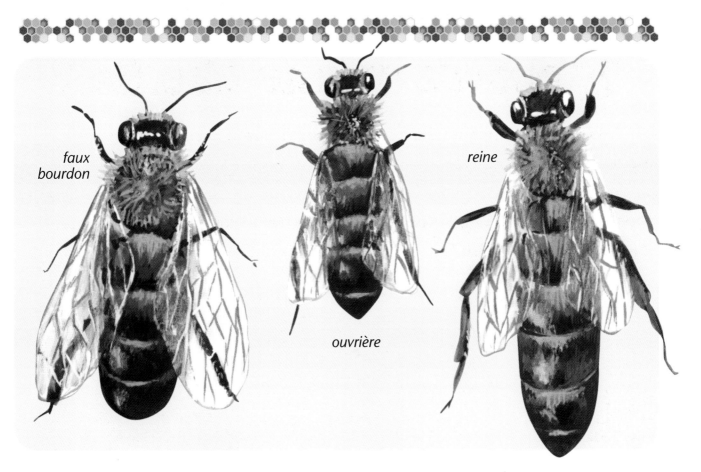

faux bourdon

ouvrière

reine

Les types d'abeilles

Il existe trois types d'abeilles : les **ouvrières**, les **faux bourdons** et les **reines**. Les ouvrières, toutes des femelles, sont les plus petites. Elles effectuent de nombreuses tâches. Elles construisent, nettoient et protègent la ruche. Elles s'occupent aussi des jeunes abeilles qui viennent d'**éclore** et elles font la toilette de la reine. En plus, elles recueillent du **pollen** et du **nectar** à l'extérieur, et elles les transforment en nourriture pour toute la colonie.

Les faux bourdons, ce sont les mâles. Ils passent la plus grande partie de leur vie dans la ruche, mais ils ne travaillent pas. Leur seule tâche consiste à s'accoupler avec une reine pour faire des bébés. La reine est la plus grande des abeilles. Il y en a une seule par colonie. Elle pond les œufs d'où vont sortir les nouvelles abeilles.

On trouve habituellement dans la ruche plusieurs milliers d'ouvrières, mais très peu de faux bourdons.

Un corps bien adapté

Le corps de l'abeille se compose de trois sections : la tête, le thorax (au milieu) et l'abdomen (à l'arrière). Chaque section comprend plusieurs parties importantes.

Ces parties du corps ont chacune une fonction, ou une tâche, particulière. Regarde l'illustration ci-dessous pour voir quelles sont leurs fonctions.

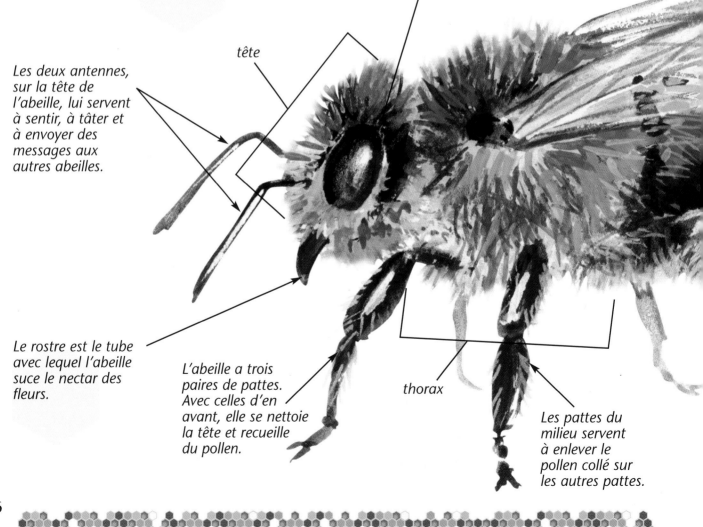

*L'abeille n'a pas seulement deux yeux, elle en a cinq ! Deux gros **yeux composés** – un de chaque côté de la tête – et trois plus petits à l'avant.*

tête

Les deux antennes, sur la tête de l'abeille, lui servent à sentir, à tâter et à envoyer des messages aux autres abeilles.

Le rostre est le tube avec lequel l'abeille suce le nectar des fleurs.

L'abeille a trois paires de pattes. Avec celles d'en avant, elle se nettoie la tête et recueille du pollen.

thorax

Les pattes du milieu servent à enlever le pollen collé sur les autres pattes.

La famille de l'abeille

Les abeilles domestiques appartiennent à un groupe d'insectes appelés *hyménoptères*, comme les fourmis, les guêpes et les autres abeilles. Tous ces insectes ont des ailes assez minces pour qu'on voie au travers. En vol, les abeilles battent des ailes rapidement. Elles peuvent atteindre une vitesse de 24 kilomètres à l'heure.

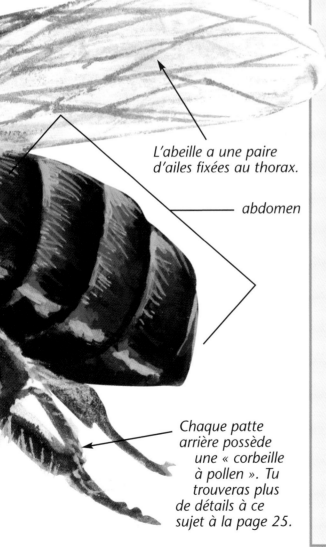

L'abeille a une paire d'ailes fixées au thorax.

abdomen

Chaque patte arrière possède une « corbeille à pollen ». Tu trouveras plus de détails à ce sujet à la page 25.

dard

Ça pique !

Les abeilles femelles ont un dard pour se protéger. Elles l'enfoncent dans la peau de leurs ennemis et injectent un poison appelé « venin ». Les ouvrières peuvent utiliser leur dard une fois seulement, puisqu'il se détache de leur corps quand elles s'envolent. Elles meurent peu après. Mais les reines, elles, ne perdent pas leur dard après avoir piqué. Il leur sert aussi d'ovipositeur, c'est-à-dire de tube pour pondre leurs œufs.

Où vivent les abeilles ?

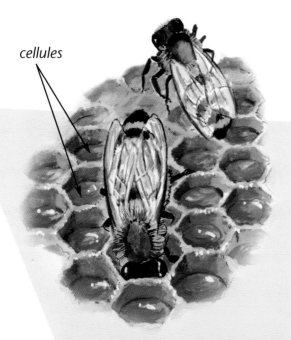

cellules

Les cellules de la ruche servent à beaucoup de choses, y compris à entreposer de la nourriture.

Les ruches d'abeilles bourdonnent d'activité ! Elles sont très bien construites pour répondre à tous les besoins de la colonie. Chacune est à la fois un nid, une maison et une fabrique de nourriture.

La fabrication de la cire

Les ruches sont faites de cire, une substance que les abeilles fabriquent avec leur corps. La cire se détache en flocons du corps des ouvrières. Elles l'amollissent alors avec leur **salive** et la façonnent à l'aide de leurs pattes avant et de leurs mâchoires, appelées « mandibules ».

Un peu de chaleur

Les ouvrières battent des ailes en travaillant. La chaleur que dégagent leurs muscles en mouvement réchauffe l'air dans la ruche. Elles gardent ainsi la ruche à la température idéale (environ 35 °C) parce que la cire est plus facile à modeler à haute température.

Des cellules solides

Quand la cire est prête, les ouvrières se mettent au travail. Elles la façonnent en cellules hexagonales, à six côtés. Cette forme rend les cellules assez solides pour soutenir jusqu'à 25 fois leur propre poids ! Chaque ruche contient environ 100 000 de ces cellules, aussi appelées « alvéoles ». Elles sont collées les unes aux autres, côte à côte et dos à dos, pour éviter toute perte d'espace. Elles forment des rangées qui portent le nom de « rayons ».

Dans la ruche

Les alvéoles ne servent pas toutes à la même chose. Celles qui sont près du centre abritent les jeunes abeilles. La nourriture est entreposée tout autour. Jour et nuit, des milliers d'ouvrières s'activent dans les nombreuses cellules de la ruche pour s'assurer que tout le travail est fait.

*Certaines abeilles à miel vivent dans des ruches construites par des gens appelés **apiculteurs**. Tu en sauras plus long sur eux en lisant la page 27.*

Qu'est-ce qu'un cycle de vie ?

Tous les animaux passent par une série de changements au cours de leur existence. C'est ce qu'on appelle le « cycle de vie ». Après leur naissance ou leur éclosion, les animaux grossissent et deviennent adultes. Ils peuvent alors faire des bébés. Chaque fois qu'un bébé naît, un nouveau cycle de vie commence.

Une vie bien courte

L'espérance de vie est la durée moyenne de l'existence d'un animal. Les abeilles domestiques des trois types ont une espérance de vie différente. De plus, elles vivent moins longtemps si elles naissent au printemps plutôt qu'à l'automne. Les ouvrières vivent de 20 à 340 jours, selon le moment de leur naissance, et les faux bourdons, de 20 à 90 jours. Les reines ont une plus longue espérance de vie. Elles peuvent vivre jusqu'à quatre ou cinq ans, quelle que soit la saison de leur naissance !

De l'œuf à l'adulte

Les abeilles commencent leur vie dans un œuf. Quand elles en sortent, ce sont des larves. Elles entreprennent bientôt leur métamorphose, pendant laquelle leur corps se transforme complètement. Elles deviennent d'abord des nymphes, puis des adultes. Leur métamorphose est alors terminée. Les abeilles adultes ont atteint leur maturité, c'est-à-dire leur plein développement.

La durée de toutes ces étapes est différente pour chaque type d'abeille. Le cycle de vie des ouvrières est d'à peu près 21 jours, celui des faux bourdons peut aller jusqu'à 24 jours, et celui des reines ne dure que 15 jours environ. Quand la reine pond des œufs, un nouveau cycle de vie commence à l'intérieur de chacun.

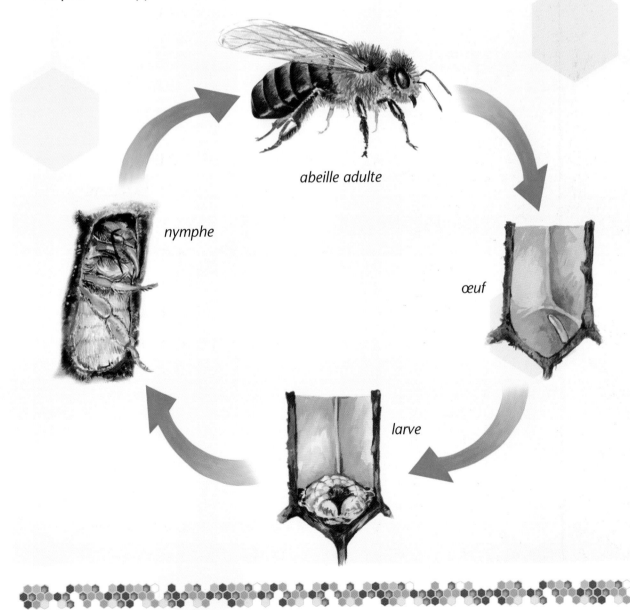

abeille adulte

nymphe

œuf

larve

L'endroit idéal

C'est la reine de la colonie qui pond tous les œufs. Comme elle peut en pondre jusqu'à 1 500 par jour, il y en a toujours beaucoup dans la ruche ! Chaque jour, la reine cherche des alvéoles vides pour y mettre ses œufs. C'est ce qu'on appelle les « cellules à couvain ». Elle se sert uniquement des alvéoles que les ouvrières ont soigneusement nettoyées.

La reine pond un seul œuf dans chaque cellule à couvain. Chaque œuf est fixé à la paroi de la cellule à l'aide d'une substance collante appelée « mucus ». Il contient un minuscule **embryon** d'abeille et un jaune, qui lui servira de nourriture.

Chaque œuf ne mesure que 0,2 centimètre de longueur environ.

Enfin libres !

Après trois jours, les œufs éclosent. Les nouvelles larves ne brisent pas la membrane de leur œuf – la coquille molle – comme le font d'autres bébés animaux. C'est la membrane qui se dissout, c'est-à-dire qu'elle devient graduellement liquide. Les larves qui viennent d'éclore ressemblent beaucoup à des œufs, par leur forme, leur taille et leur couleur.

Les petites abeilles qui sortiront de ces œufs resteront dans leur cellule tout au long des trois premiers stades de leur cycle de vie.

Les petites larves

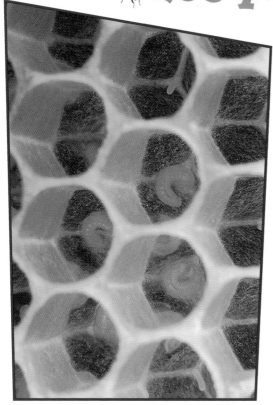

Les larves d'abeilles n'ont pas d'yeux, pas d'ailes, pas de pattes ni d'antennes parce qu'elles n'en ont pas besoin. À ce stade de leur vie, tout ce qu'elles font, c'est… manger et grossir ! Si elles ne consomment pas les aliments nécessaires en quantité suffisante, elles risquent de rester petites à l'âge adulte ou d'avoir une espérance de vie plus courte que la normale.

Le stade de larve dure de six à huit jours pour les reines, six jours pour les ouvrières, et six ou sept jours pour les faux bourdons.

À la bouffe !

Les minuscules larves blanches mangent sans arrêt. Des ouvrières spécialisées – les nourrices – leur apportent un mélange qu'on appelle la « bouillie larvaire ». Il contient des substances provenant du corps des ouvrières, ainsi que de l'eau et du miel, que les abeilles à miel fabriquent. Quand les larves vieillissent, elles peuvent aussi recevoir du « pain d'abeilles », un aliment fait de miel et de pollen. Les nourrices apportent à chaque larve des centaines de petits repas par jour.

Un repas de reine

La bouille larvaire apportée aux larves des reines est un peu différente de celle que reçoivent les autres larves. Elle porte le nom de « gelée royale » et contient plus de miel. La reine mange de la gelée royale, en quantités impressionnantes, tout au long de sa vie.

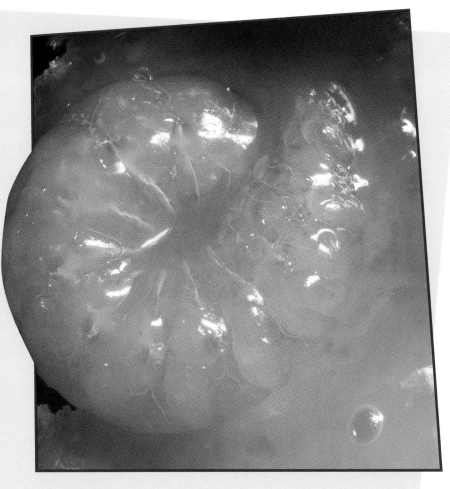

Les larves des reines (à droite) sont un peu plus grosses que celles des faux bourdons. Celles des ouvrières sont un peu plus petites.

Mal dans sa peau

Les larves mangent et grossissent constamment pendant plusieurs jours, mais leur peau ne grossit pas en même temps. Elles doivent donc muer – se débarrasser de leur peau – pour que leur corps ait assez de place pour continuer sa croissance. Quand une larve a mué quatre fois, les ouvrières fabriquent un bouchon de cire et recouvrent sa cellule. Une fois la cellule bouchée hermétiquement, la larve déplie son corps et se file un cocon de soie qui l'entoure complètement. Elle passe ensuite quelques jours dans son cocon, où elle commence sa métamorphose.

La belle abeille

La nymphe de faux bourdon (ci-dessus) mue une dernière fois avant de devenir adulte (ci-dessous).

Dans son cocon, l'abeille passe de l'état de larve à l'état de nymphe. La nymphe a le corps presque entièrement développé, à l'exception de ses ailes. Son corps prend une couleur plus sombre et se transforme à l'intérieur. La nymphe complète ensuite la cinquième et dernière mue de son cycle de vie. Elle devient enfin une abeille adulte.

Prête à sortir

La nouvelle abeille a le corps mou. Elle doit attendre plusieurs heures pour qu'il durcisse. Quand elle est prête, elle gruge délicatement le bord de son bouchon de cire pour le détacher de la paroi de sa cellule. Les ouvrières ramassent ensuite les bouchons et les réutilisent ailleurs dans la ruche.

À l'air libre

Quand l'abeille réussit enfin à sortir de sa cellule, elle déplie ses antennes et ses ailes, et elle attend que les poils de son corps sèchent. Les ouvrières lui apportent ensuite à manger et commencent à faire sa toilette.

Cette nouvelle adulte vient de sortir de sa cellule. Elle se repose un peu. Les ouvrières se rassemblent autour d'elle. Elles en prennent soin en attendant qu'elle soit capable de s'occuper d'elle-même.

 Finie, la croissance !

Les jeunes abeilles adultes ne ressemblent plus du tout à des larves, mais elles sont encore affamées ! Ouvrières, faux bourdons ou reines, toutes ont besoin d'une nourriture abondante pendant les premiers jours de leur vie adulte. Leur corps semble avoir terminé sa croissance, mais elles continuent à se développer à l'intérieur pendant quelques jours. Elles doivent devenir des adultes en santé pour assurer la survie de la colonie. Les ouvrières mangent du pollen et du miel. Les faux bourdons mangent du pain d'abeilles. Les reines continuent à manger de la gelée royale.

Sur ce rayon de ruche achalandé, la reine est facile à repérer. Un apiculteur l'a marquée d'une étiquette bleue.

Travailler pour vivre

Quand les reines et les faux bourdons adultes sont en bonne santé, les reines peuvent pondre beaucoup d'œufs. La plupart de ces œufs deviennent des ouvrières, qui assurent le fonctionnement de la ruche. Comme leurs tâches varient selon leur âge, les ouvrières sont utiles à toutes les étapes de leur développement. Durant les premiers jours de leur vie, elles nettoient les alvéoles et aident à maintenir une température assez chaude dans les cellules à couvain. Par la suite, elles servent de nourrices pour les larves. Plus tard, elles aident à construire la ruche, et à transporter la cire et la nourriture là où c'est nécessaire. Elles deviennent ensuite des gardiennes, chargées de protéger l'entrée de la ruche, puis des butineuses à la fin de leur vie. Elles sortent alors récolter du nectar et du pollen, qu'elles rapportent à la ruche afin de fabriquer de la nourriture pour toute la colonie.

Les abeilles gardiennes inspectent tous les animaux qui cherchent à pénétrer dans la ruche, comme on le voit ci-dessus. Si un intrus – par exemple une guêpe ou une mite – essaie d'entrer, elles dégagent une odeur particulière qui alerte la colonie. Elles agitent ensuite leurs ailes et donnent des coups de pattes pour chasser l'intrus, qu'elles peuvent aussi mordre ou piquer.

L'accouplement

Une fois à maturité, la reine va s'accoupler avec un faux bourdon. Les faux bourdons adultes fabriquent dans leur corps un liquide appelé « sperme », qui sert à faire des bébés. La reine ne peut pas se reproduire si ses œufs ne sont pas **fécondés** par le sperme.

En déplacement

Quand la reine est prête pour l'accouplement, elle quitte la ruche et s'envole vers un endroit choisi par les faux bourdons. Elle peut s'accoupler avec 15 à 20 faux bourdons avant de retourner à la ruche. Elle entrepose leur sperme à l'intérieur de son corps et n'a donc plus besoin de s'accoupler jusqu'à la fin de ses jours. Les faux bourdons ne survivent pas longtemps après l'accouplement.

Quand les faux bourdons sont prêts à s'accoupler, ils quittent la ruche et attendent que la reine vienne les rejoindre.

Des œufs d'ouvrières et de faux bourdons

La reine retourne à la ruche après l'accouplement. Elle se met immédiatement à pondre ses œufs. Les œufs fécondés, qui ont été en contact avec le sperme, vont devenir des ouvrières femelles. Les autres vont devenir des faux bourdons.

Seuls quelques œufs deviennent des reines. Lis la page 22 pour en savoir plus long sur les reines.

Une nouvelle ruche

La première reine à quitter sa cellule tue généralement les autres reines en les piquant à travers le bouchon de cire qui les recouvre.

La plupart des ruches ont une seule reine et peuvent abriter un nombre limité d'abeilles. Quand une ruche est surpeuplée, une bonne partie des abeilles se préparent à essaimer, c'est-à-dire à quitter la ruche en groupe. Des ouvrières construisent des cellules à couvain spéciales, plus grosses que d'habitude. Et elles nourrissent les larves de gelée royale.

Un essaim quitte la ruche et se rassemble un peu plus loin.

Bon voyage !

Quand les futures reines sont presque prêtes à quitter leur cellule, la vieille reine de la colonie s'en va. Des milliers d'ouvrières la suivent. Les abeilles qui restent à la ruche attendent qu'une première reine sorte de sa cellule. C'est elle qui deviendra la nouvelle reine de la colonie.

Des abeilles sans abri

Les abeilles qui essaiment se mettent à la recherche d'une nouvelle demeure. Elles se posent d'abord sur un gros objet, par exemple une branche d'arbre. Quelques ouvrières appelées « éclaireuses » partent ensuite à la recherche d'un bon endroit pour installer la nouvelle ruche. Elles peuvent chercher des heures ou même des jours avant de trouver un endroit suffisamment abrité, par exemple un

tronc d'arbre creux ou une fissure dans un mur. Quand elles ont déniché un emplacement approprié, elles retournent à l'essaim et exécutent une danse pour indiquer à la colonie comment s'y rendre. Dès que l'essaim arrive au nouvel emplacement, les abeilles entreprennent la construction de la ruche.

En Amérique du Nord, les abeilles essaiment en mai ou en juin pour avoir le temps de construire une nouvelle ruche, de s'accoupler et de se préparer à l'hiver.

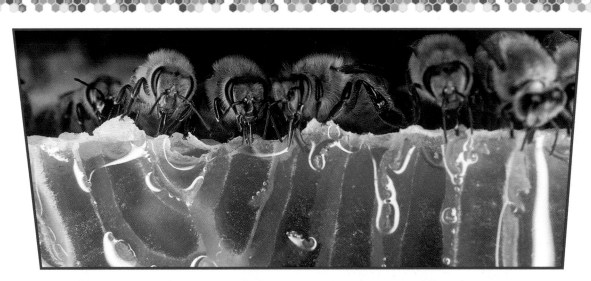

Des festins de miel

Les ouvrières doivent trouver beaucoup de nourriture pour alimenter toute la colonie. Elles en produisent de différentes sortes, mais elles sont surtout réputées pour leur miel. Seules les abeilles à miel peuvent transformer le nectar des fleurs en miel. Mais comment font-elles ?

À la recherche de nectar

Les ouvrières travaillent ensemble pour trouver de quoi manger. Quand l'une d'elles repère une bonne source de nourriture, elle insère son rostre dans le cœur de la fleur choisie et en suce le nectar. Elle retourne ensuite à la ruche pour indiquer l'endroit aux autres ouvrières.

Livraison à domicile

L'abeille butineuse recueille le nectar dans son estomac à miel, appelé « jabot ». Il est fait exprès pour entreposer de la nourriture. Quand son jabot est plein, l'abeille rapporte le nectar à la ruche et elle le donne aux autres ouvrières pour qu'elles le transforment en aliments.

C'est la danse des... abeilles !

C'est par leurs mouvements que les abeilles communiquent entre elles. Quand les butineuses reviennent à la colonie après avoir repéré de la nourriture, elles exécutent des mouvements particuliers. Ainsi, les autres ouvrières savent où aller. Si le nectar se trouve tout près, elles font une danse en rond. S'il est plus loin, elles font plutôt une danse frétillante qui précise la distance et la direction.

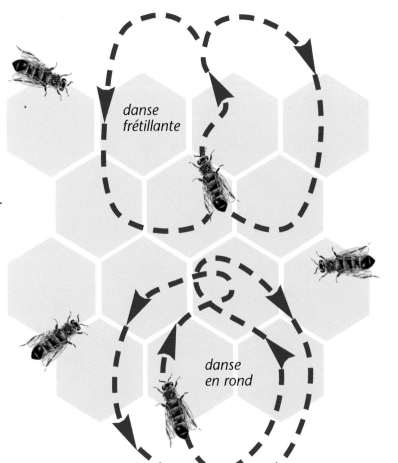

danse frétillante

danse en rond

De bons partenaires

Les abeilles mangent du pollen pour avoir des **protéines**. Les butineuses trouvent ce pollen dans les fleurs et le ramassent dans les corbeilles de leurs pattes. Quand ces corbeilles sont pleines, les butineuses retournent à la ruche. Elles déposent le pollen dans les cellules garde-manger. Mais il reste souvent du pollen collé sur leurs poils et leurs antennes. En butinant sur d'autres plantes, elles y apportent ce pollen. C'est ce qu'on appelle la « pollinisation ». C'est important parce que beaucoup de plantes ont besoin du pollen d'autres plantes pour se reproduire.

corbeille à pollen

La fin de la saison

Il n'y a pas de faux bourdons dans la ruche pendant l'hiver. Si un œuf non fécondé est pondu, les ouvrières le mangent, et si une larve mâle éclot, elles la traînent dehors. Quant aux mâles adultes, ils ne sont pas nourris et meurent donc très vite.

L'hiver, il fait trop froid dehors pour les abeilles. Elles restent toujours dans la ruche, sans pouvoir sortir pour chercher à manger. Les ouvrières préparent donc la ruche pour la saison froide en fabriquant un surplus de nourriture. Comme la reine pond alors moins d'œufs que d'habitude, il y a de la place pour entreposer des réserves.

On gèle !

Quand la température baisse au dehors, les ouvrières bouchent toutes les fissures de la ruche. Elles se servent de substances végétales collantes appelées « gommes » pour sceller les ouvertures par lesquelles l'air froid pourrait pénétrer. Une fois la ruche bien scellée, les ouvrières se rassemblent et battent des ailes. La chaleur qui se dégage ainsi de leur corps réchauffe la ruche. Les ouvrières continuent à battre des ailes jusqu'au printemps.

Les gardiens des abeilles

Chaque colonie entrepose jusqu'à trois fois plus de miel qu'il lui en faut pour passer l'hiver. Depuis des centaines d'années, les apiculteurs recueillent ce surplus. Ils vendent le miel comme aliment. Ils ramassent aussi la cire, la gelée royale et même le venin ! Ces substances servent à faire des médicaments pour traiter des maladies chez les humains.

Les ruchers

Comme ils n'ont pas accès facilement aux ruches naturelles, les apiculteurs construisent des ruches en bois et y installent des colonies. Ces groupes de ruches s'appellent des « ruchers ». Chaque ruche est formée de plateaux de bois contenant des cellules dans lesquelles les abeilles entreposent leur miel. Au moment de la récolte, l'apiculteur met des vêtements de protection, sort les plateaux, puis recueille les surplus de miel et de cire.

Les apiculteurs gardent plusieurs colonies d'abeilles sur des plateaux de bois appelés « cadres ».

De nombreux dangers

De nos jours, les abeilles doivent affronter de nombreux dangers. Il reste peu de populations d'abeilles sauvages en Amérique du Nord. Les abeilles sont menacées dans de nombreux pays, ce qui veut dire qu'elles risquent de disparaître.

Un habitat qui rétrécit

À peu près partout dans le monde, ce sont maintenant des apiculteurs qui s'occupent des colonies d'abeilles dans des ruches spécialement construites. Les abeilles sauvages doivent trouver elles-mêmes un endroit où s'installer. C'est de plus en plus difficile parce que leur habitat – les endroits où elles peuvent vivre dans la nature – rétrécit constamment.

Les fleurs sauvages

Les abeilles et les plantes ont besoin les unes des autres pour survivre. Sans le nectar et le pollen des plantes, les abeilles n'auraient rien à manger. Et sans la pollinisation par les abeilles, beaucoup de plantes seraient incapables de se reproduire. Quand les terres sont occupées par des maisons, des routes ou des fermes, les plantes sauvages ont moins de place pour pousser. Et quand il n'y a plus de fleurs sauvages, les abeilles disparaissent aussi.

Des envahisseurs nuisibles

Il arrive que des espèces d'une autre région du monde soient introduites dans l'habitat d'une espèce animale. Ainsi, les abeilles sont menacées par des espèces étrangères comme la fausse teigne de la cire et le varroa. Les fausses teignes, originaires de Russie, pénètrent dans les ruches pour y pondre leurs œufs. Une fois les œufs éclos, les larves endommagent les ruches en mangeant la cire et le miel. Les varroas, eux, viennent d'Asie. Ce sont de minuscules insectes qui vivent sur les abeilles. Ils se nourrissent de leurs œufs et de leurs larves. Un peu partout dans le monde, des scientifiques étudient ces deux espèces pour trouver des moyens de protéger les abeilles.

*Beaucoup d'abeilles meurent parce qu'elles récoltent le pollen de fleurs sur lesquelles on a vaporisé des **pesticides**. Ces substances chimiques tuent non seulement les insectes nuisibles, mais aussi les insectes utiles. Le plus sûr, pour toutes les créatures vivantes, c'est un jardin sans produits chimiques.*

Pour aider les abeilles

*Certaines personnes sont **allergiques** au venin des abeilles. Elles doivent donc prendre des précautions pour éviter de se faire piquer. Cependant, la plupart des abeilles piquent seulement si elles sont en danger.*

Les abeilles sont des créatures fascinantes qui aident les humains de bien des manières. Tous ceux qui aiment manger du délicieux miel doré ou admirer les fleurs sauvages savent à quel point ces insectes sont utiles. Tu peux aider les abeilles en expliquant aux autres pourquoi elles constituent un élément important de l'univers naturel.

Laissons les abeilles tranquilles !

En protégeant les lieux naturels, nous permettons aux abeilles de trouver des plantes pour se nourrir et des endroits pour s'installer sans déranger les humains. Essaie de convaincre ta famille, tes amis et tes voisins de ne pas toucher aux ruches d'abeilles sauvages. Encourage les gens que tu connais à planter plus d'arbres et de fleurs. Et demande à tes parents de ne pas utiliser de produits chimiques dans le jardin et sur la pelouse. Ces produits peuvent nuire aux abeilles et aux autres animaux.

Tu peux appuyer les apiculteurs de ta région en leur achetant du miel et d'autres produits.

Pour mieux connaître les abeilles

Tu veux en savoir plus sur ces petites bêtes extraordinaires ? Va voir sur Internet ! Tu n'as qu'à taper le mot « abeille » dans la fenêtre d'un moteur de recherche pour voir apparaître les sites qui s'y rapportent.

Glossaire

allergique   Se dit d'une personne dont le corps réagit négativement à une substance, par exemple le venin d'abeille

apiculteur   Personne qui élève des abeilles

éclore   Compléter la première étape de son cycle de vie en sortant d'un œuf

embryon   Bébé en développement à l'intérieur d'un œuf

faux bourdon   Abeille mâle

féconder   Ajouter du sperme dans un œuf

insecte   Animal à six pattes, sans colonne vertébrale

nectar   Liquide sucré qui se trouve dans les fleurs

ouvrière   Abeille femelle qui travaille constamment pour entretenir la ruche et prendre soin des jeunes abeilles

pesticide   Produit chimique servant à tuer les insectes

pollen   Substance que les plantes fabriquent pour se reproduire

protéine   Substance qui donne des forces aux animaux

reine   Seule femelle capable de se reproduire dans une colonie d'abeilles

ruche   Endroit où vit une colonie d'abeilles

salive   Liquide qui aide à dissoudre la nourriture

social   Désigne un animal qui vit en groupe

yeux composés   Yeux formés de milliers de minuscules lentilles

Index